Edict faict par le Roy

SVR LE FAICT DE LA

creation d'vn Conseiller dudict sei-
gneur, & General superintendāt des
deniers cōmuns des villes estans en
chascune generalité de sō royaume,
pays, terres & seigneuries de sō obeis
sance. Et d'vn Receueur & payeur
des gages des Iuges, Magistraulx &
Presidiaulx en chascune des villes
ou sont establiz leurs sieges.

AVEC PRIVILEGE.

A PARIS

Pour Vincent Sertenas, tenant sa boutique au Palais,
en la gallerie par ou on va à la Chancellerie:
Et pour Ian Dallier, sur le pont sainct Michel, à
l'enseigne de la Rose blanche.

1 5 5 5.

HENRY par la gra-
ce de Dieu Roy de
Fráce, à tous preſens
& aduenir ſalut.
Comme il ſoit ainſi
qu'en la pluſpart & quaſi en toutes
les villes de noſtre royaume y ait
deniers communs qui ſe lieuent &
exigent par ottroy de noz predeceſ-
ſeurs & de nous, qui les renouuelons
& continuons de temps en temps,
pour eſtre conuertiz & employez
auec les autres deniers du dommai-
ne & reuenu patrimonial deſdictes
villes, es reparations, fortifications,
emparemens, entretenemens de pa-
uez, pôts, portes, foſſez, & autres ne-

A ii

cessitez d'icelles villes, auec deféses
tresexpresses en leurs lettres de con-
tinuation desdictz octroiz de ne cõ
uertir ne employer lesdictz deniers
ailleurs ne en autres vsages, soubz
peine de les recouurer sur les Maire
& Escheuins, Receueurs & administrateurs d'iceulx deniers communs
en leurs propres & priuez noms:les-
quelz administrateurs, ou aucuns
d'eulx: toutesfois sans auoir esgard
ausdictes defenses,& en icelles mes-
prisant & cõtemnant ont, ainsi que
par plusieurs & diuerses fois nous
auõs esté aduertiz,employé lesdictz
deniers ou partie d'iceulx ailleurs
& en autres vsages & effectz ou ilz
ne sont destinez, tellement que la
plus part desdictes villes ne sont par
ce moyen entretenues en la seureté,

decoration & commodité pour le
public qu'elles deuroiét & auroient
moyen de l'estre, pour y auoir desdictz deniers communs suffisam-
ment, pour satisfaire à toutes leurs
necessitez s'ilz estoyent bien admi-
nistrez, d'autant que lesdictz administrateurs ne sont esclairez de pres,
ains eux mesmes sont iuges en leur
cause, & se gratifient en leurs pareil-
les affections les vns auec les autres,
au tresgrand interest & dommage
public desdictes villes. A quoy il est
plus que requis & necessaire de
pouruoir & remedier. Et pareillement à vne autre chose, qui se faict
pour tousiours augméter les moyés
ausdictz administrateurs & Receueurs desdictz deniers communs
d'en disposer à leurs voluntez: car

par les edictz de la creation des iuges presidiaux il est ordonné que
leurs gages seront prins & leuez par
imposts sur les greniers à sel , pour
estre par les Grenetiers ou marchás
fermiers desdictz greniers baillez &
deliurez es mains des Receueurs
d'iceulx greniers des villes ou sont
establiz lesdictz iuges & sieges presidiaux, lesquelz Receueurs touchét
tout ce qui prouient desdictz impostz, pour sur ce payer ausdictz iuges presidiaux leursdictz gages, à la
charge que ce qui se trouuera desdictz imposts d'auantage que ne se
montent lesdictz gages, sera conuer-
ty & employé à la reparation & entretenement des chemins , issues &
aduenues publiques desdictes villes
dont toutesfois il ne se voit aucune

execution ny employ:mais demeurent lesdictz deniers reuenans bons
dudict outreplus es mains d'iceulx
Receueurs pour en faire comme bō
leur semble.Et neantmoins aucuns
d'iceulx n'ont laissé de nous faire
demander augmentation de gages
pour en tenir le compte,qui leur se-
roit donné proffit des choses dont
ilz n'ont payé aucune finance.
SCAVOIR FAISONS,
que nous ayās mis ces deux poincts
dessus declarez & specifiez en deli-
beration de nostre conseil priué,ou
estoient aucuns princes de nostre
sang & lignage , & autres grans sei-
gneurs & notables personnages, en-
tre lesquelz toutes les particularitez
qui dependét desdictz poinctz, ont
esté bien & meurement debatues &

consultées, ayant regard & consideration que l'vne des choses ausquelles le Prince doibt plus visuement tenir la main, est de bien faire policer les villes & citez de son obeissance, regir, gouuerner & administrer les affaires publics par ceulx qui en ont la charge, auec tel soing & debuoir, probité, loyauté, diligéce, qu'il est requis & necessaire qu'ayét telz administrateurs, comme il se voit par experience esdictes villes ainsi bien pollicées. Et ou les deniers de leur communauté sont employez comme ilz doiuent, non seulemēt les citoyens manans & habitans dicelles demeurent en seureté auecq leurs personnes & biens, mais aussi ceulx du plat pays s'y retirét auecq leurs facultez, comme en vn lieu de protection,

protection, fráchiſe & ſeureté, pour
euiter les iniures, perilz & domma-
ges de la guerre, & ne fault point
qu'entrions en deſpenſe à les forti-
fier & reparer pour ſe defendre des
ſurpriſes & entrepriſes de l'ennemy:
car les bons & diligens adminiſtra-
teurs, qui n'ont en penſemét que le
bien de leur republique pouruoyét
à cela, & les mettent en tel eſtat de
toutes choſes requiſes & neceſſaires
pour la defenſe & conſeruation d'i-
celles, & pour les tenir ſaines & ſa-
lubres, auec toutes les commoditez
qu'ilz ſçauent & cognoiſſent y eſtre
propres & cõuenables. Pour ces cau
ſes & autres bonnes & iuſtes cõſide-
rations à ce nous mõuuans, par ad-
uis de noſtre conſeil priué, & pour
purger doreſnauant les abbus qui ſe

B

sont par cy deuant faictz à l'admini
stration desdictz deniers commūs,
selō & ainsi que dict est,& pouruoir
qu'ilz ne se continuent à l'aduenir,
AVONS dict, declaré, statué &
ordonné & par edict perpetuel & ir
reuocable,disons, declarōs statuons
& ordōnons, voulōs & nous plaist,
qu'en chascune charge & generalité de nostre royaume, qui sont dix-
sept, il y ait vn Conseiller general
superintendant sur le faict & administration desdicts deniers commūs
de noz villes, par deuant lequel les
Maires gouuerneurs & Escheuins,
Conseillers & Receueurs desdictes
villes respondront respectiuement,
& d'oresnauāt de la dessusdicte administration d'iceulx deniers, dont
ledict general fera & dressera à cha-

cun defdictz Receueurs d'an en an
eftatz particuliers de recepte & def-
penfe, & fur iceulx vn eftat general
de ce qui fe trouuera bon fur leurs
receptes:en quoy faifant iceluy general verra commét & à quel vfage
& vtilité auront efté & feront employez lefdictz deniers , pour re-
ftraindre , corriger & reformer les
abbus qui fe pourroiét faire par lefdictz adminiftrateurs , femblable-
ment les defpenfes exceffiues qui fe
pourroyent aufsi faire par lefdictz
Gouuerneurs & Efcheuins defdi-
ctesvilles,mefmemét quant au faict
des voyages , follicitations & com-
miffions qui fe donnét & commet-
tent les vns aux autres , pour faire
leurs negoces & affaires priuez aux
defpens defdictes villes, & fur les de-

B ij

niers communs d'icelles. Et seront
doresnauant les lettres de continua-
tion desdictz octrois addressées au-
dict General, côme aux autres noz
officiers & magistratz, ausquelz lon
a accoustumé de les addresser, pour
sur ce bailler par lesdictz generaulx,
chascun en son regard, les attaches
de verification & consentemêt, afin
qu'il ait plus claire & entiere con-
gnoissance de ce en quoy doiuent
estre nommément & specialement
employez lesdictz deniers commûs
d'icelles villes. Et oultre voulôs en-
cores, & nous plaist, qu'iceluy Conseiller general, lequel nous auons
creé & erigé, creons & erigeons par
ces presentes en chascune desdictes
generalitez, en chef & tiltre d'office
formé, pour y estre desapresent &

quand vacation y escherra par cy
apres par mort, resignation, ou au-
trement pourueu par nous de per-
sonnage suffisant, & de la qualité
requise. Sache & entende à la verité
que deuiendront les deniers reuenans bons de l'oultre plus des impostz, ou autres subsides mis sus &
leuez sur le sel pour les gages de nos
dictz iuges presidiaux, sans ce qu'ilz
entrent plus à la communauté desdictz deniers cõmuns desdictes villes pour estre maniez par leurs Receueurs. Ausquelz nous en auons
interdict & deffendu, interdisons
& deffendõs par cesdictes presentes
l'administration & maniemét non-
obstant l'attribution qui leur en a
esté faicte par noz Edictz de la creation desdictz iuges presidiaux qui

B iii

ne voulons en cest endroict auoir
lieu, nous auons en semblable que
dessus creé & erigé, creons & erigeós
en chef & tiltre d'offices formez en
chascune desdictes villes ou sont
establiz lesdictz sieges & iuges presidiaux vn Receueur & payeur des
gages d'iceux Iuges, pour par leurs
simples quittances receuoir des Receueurs ou grenetiers de noz maga-
zins & greniers à sel, ou des Mar-
chans fermiers d'iceulx, les deniers
desditz impostz leuez sur ledict sel,
ou autres subsides mis sus pour le
payement desdictz gages qui seront
payez & acquictez ausdictz Iuges
presidiaux par iceux Receueurs &
payeurs nouuellement créez, aux
termes & en la maniere accoustu-
mez, tout ainsi que faisoyét lesdictz

Receueurs des deniers communs
defdictes villes. Et quāt aux deniers
reuenans bons defdictz impoſtz , &
autres ſubſides, leſdictz gages payez
& acquictez , leſdictz Generaux en
feront eſtat à iceulx Receueurs &
payeurs , pour par leur ordonnance
& foubs leur regard eſtre conuertiz
& employez aux reparations & entretenemens des chemins , ſelon ce
qu'il a eſté par nous cy deuant ordō
né & diſpoſé . Et afin que leſdictz
Generaulx ayent moyen d'eux entretenir honorablement en l'exerci-
ce de leurſdictes charges & offices,
Nous leur auons ordōné & ordon-
nons par ces preſentes la ſomme de
douze cens liures tournois de gages
ordinaires par chaſcun an , à prēdre
par leurs ſimples quittances, ſans ce

qu'il soit besoing en leuer autre ac-
quict ne mandement . Et ce sur lesdictz deniers cõmuns d'octroy desdictes villes esgallãt au solt la liure
ladicte somme de douze cens liures
sur la totalité de ce que se trouuerõt
mõter les deniers communs des villes de chascune desdictes generalitez, lesq̃lz gages seront par eux cou-
chez & employez es estatz qu'ilz feront & dresseront au Receueur ou
Receueurs, sur lesquelz ilz s'en ferõt
payer. Et au regard desdictz Receueurs & payeurs des gages d'iceulx
iuges presidiaux, ils aurõt aussi pour
leur entretenement en leurdictz offices cent liures tournois de gages
ordinaires chascun, en ce comprins
la somme de quarante liures par cy
deuant ordonnée pour faire ledict
payement

payement aux Receueurs defdictz
deniers communs des lieux & villes
efquelz ont efté eftabliz lefdictz fie
ges prefidiaux , felon ce que côtenu
eft en l'edict fur ce par nous faict, à
prendre iceulx gages de cent liures
par chacun d'eulx par leurs mains
fur lefdictz deniers reuenans bons
defdictz impoftz & fubfides. Et oul-
treplus d'iceulx gages defdictz Iuges prefidiaux, iouyffans au furplus
lefdictz Confeillers generaulx de
mefmes & pareilz droictz & priuileges que font les Generaulx de noz
finances, fors & excepté qu'ilz n'au
ront entrée, lieu ny affiftéce en noz
chambres des comptes, ne courts de
noz aides, ne pareillement aucuns
droictz de bufches, de mâteaux, cha
peaux, ne autres telz menuz droictz

C

pretenduz par lefdictz Generaulx
de noz finances , & lefdictz Receueurs des mefmes priuileges, honneurs, franchifes, & libertez dont
iouyffent & vfent lefdictz Receueurs des deniers communs defdictes villes.

SI DONNONS en man-
demet par ces prefentes à noz amez
& feaulx les gens de noz cours de
parlement,& chambre de noz comptes à Paris, Threforiers de France,
& Generaulx de noz finances , & à
tous noz Baillifz, Senefchaulx, Pre-
uofts & Iuges,ou à leursLieutenans,
& à chafcun d'eulx endroit , & ficõ-
me à luy appartiendra,que noz pre-
fens edict,ftatut & ordonnance,de-
claration,creatiõ & erection,enfem-
ble tout le conteuu cy deffus,ilz en-

tretiennent , gardĕt & obſeruent,
facent de poinct en poinct inuiola-
blement entretenir, garder & obſer
uer, lire, bublier & enregiſtrer, &
d'iceulx leſdictz Conſeillers generaulx ſur le faict & adminiſtration
deſdictz deniers communs, Receueurs & payeurs d'iceulx Iuges pre-
ſidiaux , & chaſcun d'eulx reſpecti-
uement, iouyr & vſer , tant pour le
preſent que pour l'aduenir, pleine-
ment & paiſiblement, enſemble des
honneurs & auctoritez deuátdictz :
Ceſſans & faiſans ceſſer tous trou-
bles & empeſchemens au contraire,
& à ce faire, ſouffrir & obeyr, con-
traignent ou facent cõtraindre tous
ceulx qu'il appartiĕdra, & qui pour
ce feront à contraindre , par toutes
voyes & manieres deues & raiſon-

nables, Nonobſtãt oppoſitiõs ou ap
pellations quelzconques & ſans pre
iudice d'icelles, pour leſquelles ne
voulons eſtre differé . Dont & deſ-
quelles oppoſitions ou appellations
nous auons retenu & reſerué à nous
en noſtre conſeil priué la congoiſ-
ſance & deciſion, icelle interdiſant
& defendát à tous noz autres iuges
quelconques par ces preſentes, car
tel eſt noſtre plaiſir , Nonobſtant
quelzconques autres Edictz, ſtatuz,
ordonnances, reſtrinctions mande-
mens, defences & lettres à ce con-
traires. Et afin que ce ſoit choſe fer-
me & ſtable à touſiours, nous auons
ſigné ces preſentes de noſtre main,
& à icelles faict mettre noſtre ſéel,
Sauf en autres choſes noſtre droict,
& l'autruy en toutes.

Donné à Fontainebleau au mois
de Iuin , l'an de grace mil cinq cens
cinquáte cinq, & de noſtre regne le
neufiefme.

Ainſi ſigné HENRY.
Et à coſté, Viſa.
Et au deſſoubz, Par le Roy eſtant
en ſon conſeil. DV THIER.

Et ſéellées du grand ſéel , de cire
verd,ſur laz de ſoye,verd & rouge.

Lecta, publicata & regiſtrata, audito & requiréte Procuratore gene-
rali Regis , in cóſequentiam tamen
priorum edictorum,inquátum tan-
git receptores Iudicum præſidialiũ.
Pariſiis in Parlaméto decimaſexta
die Iunii , Anno domini milleſimo
quingétesimo quinquageſimo quin
to. Signé DV TILLET.

Lecta similiter, publicata & regi-
strata in Camera Computorum domini nostri Regis, Procuratore ge-
nerali audito & consentiente. Vi-
gesimasecunda Iunii , anno supra-
scripto.

Signé LE MAISTRE.